CHAMBRE DE COMMERCE

DE CONSTANTINE

CHEMINS DE FER ALGÉRIENS

DE L'UTILITÉ ET DES AVANTAGES

DU CHEMIN DE FER PROJETÉ

DE

CONSTANTINE A SÉTIF & DE CONSTANTINE A BATNA

VŒU DE LA CHAMBRE DE COMMERCE DE CONSTANTINE

ET RAPPORTS DES INGÉNIEURS DES PONTS ET CHAUSSÉES.

CONSTANTINE

IMPRIMERIE L. MARLE

—

1874

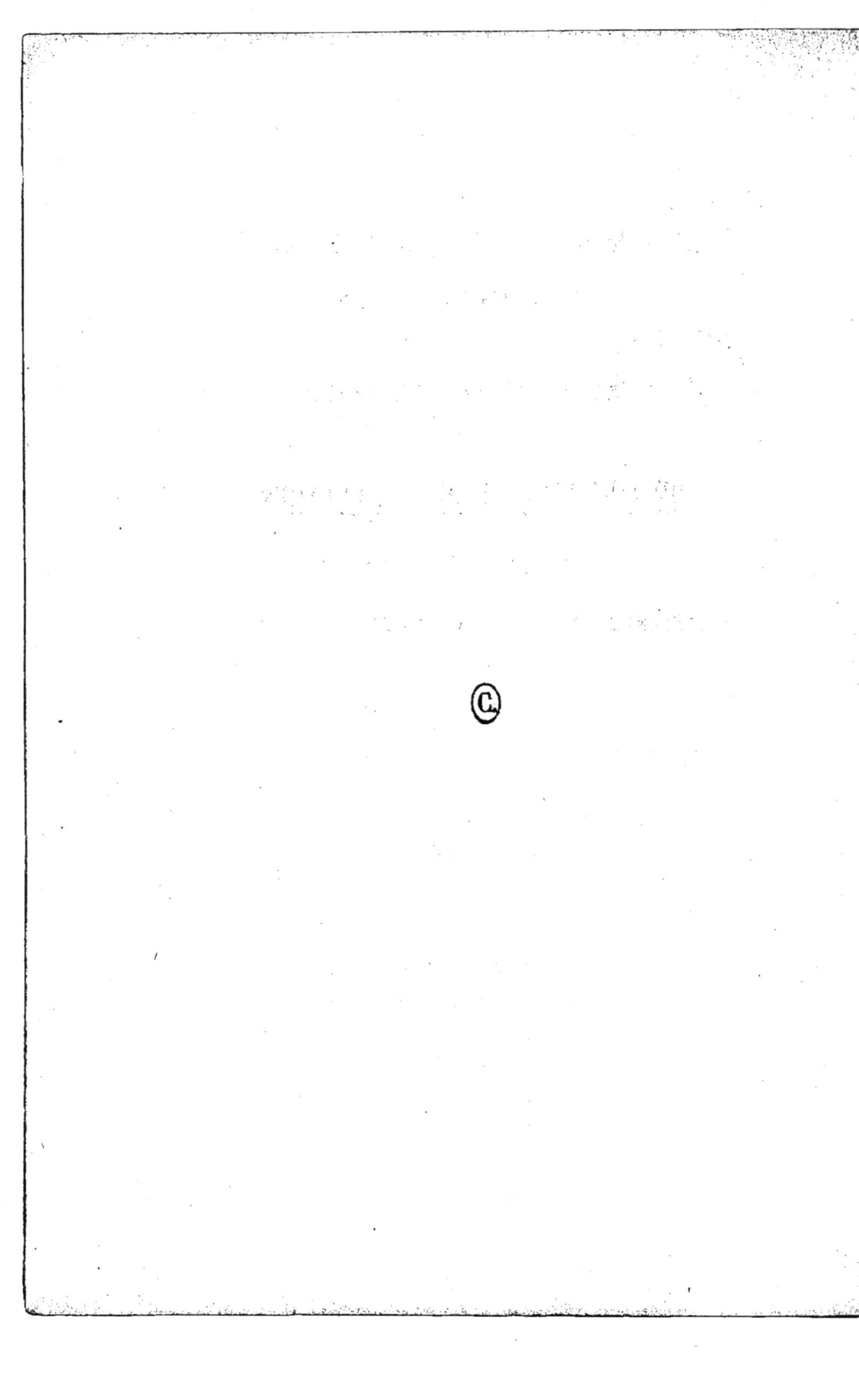

CHEMINS DE FER ALGÉRIENS

DE L'UTILITÉ ET DES AVANTAGES

du Chemin de fer projeté de Constantine à Sétif
et de Constantine à Batna.

VŒU DE LA CHAMBRE DE COMMERCE DE CONSTANTINE
ET RAPPORTS DES INGÉNIEURS DES PONTS ET CHAUSSÉES.

Le prolongement de la voie ferrée de Constantine sur Sétif et sur Batna est la question capitale à l'ordre du jour des assemblées délibérantes de la province. L'avenir et la prospérité du pays sont liés à l'exécution de ce grand travail, qui offre en même temps toutes les conditions d'une excellente affaire industrielle.

Dans l'espoir d'attirer sur cette entreprise l'attention des capitalistes et des grands entrepreneurs de travaux publics, la Chambre de Commerce de Constantine, dans sa séance du 22 septembre 1874, a voté l'impression et la distribution de sa délibération du même jour, ainsi que des rapports de MM. les Ingénieurs des Ponts et Chaussées au Conseil général, qui en démontrent l'utilité et les avantages.

PROCÈS-VERBAL

DE LA SÉANCE DU 22 SEPTEMBRE 1874.

PROLONGEMENT DE LA VOIE FERRÉE

SUR SÉTIF ET SUR BATNA

M. Mesrine, rapporteur de cette affaire, dépose le rapport suivant :

« MESSIEURS,

» Tout ce qui concourt au développement du commerce a toujours été l'objet de vos préoccupations et de votre sollicitude.

» Les voies ferrées ont fait une véritable révolution dans la production de tous les pays qui en sont dotés.

» Nous avons pu nous en convaincre sur le littoral algérien, là où a pu se faire sentir l'influence de la seule ligne que nous ayons dans la province de Constantine.

» Il est inutile de s'étendre longuement sur cette proposition, que les voies ferrées sont le meilleur auxiliaire du commerce, le principal élément de la prospérité publique et privée d'un pays.

» C'est un axiôme, surtout en Algérie, où l'absence de cours d'eau navigables nous impose la création de toutes nos voies de communication et d'écoulement.

» Cette création est subordonnée à une question de ressources financières et de fortune publique qui n'est pas encore résolue pour nous, et qui, précisément, doit être la conséquence de l'exécution des grands travaux dont nous nous occupons.

» Pour arriver à ce résultat, nous sommes obligés de nous adresser à de grandes Compagnies financières ou industrielles. Mais en demandant leur appui, il faut leur exposer une situation qui leur fasse entrevoir une affaire rémunératrice.

» C'est facile ; notre tâche se trouve en quelque sorte remplie par l'exposé des faits accomplis s'appuyant sur des chiffres qui sont de la plus rigoureuse exactitude, le résultat d'expériences déjà faites sur le chemin de fer de Philippeville à Constantine.

» Les Compagnies financières, avec leur habitude des affaires, en tireront des conséquences qui ne peuvent que nous être avantageuses.

» Il nous suffit de dire qu'en 1871, le tonnage a été sur la ligne de...................... 78.000 tonnes

» En 1872, de.................... 120.000

» En 1873, de.................... 150.000

» Il sera en 1874, probablement de.. 170.000

» Ces chiffres parlent d'eux-mêmes ; on comptait sur un résultat maximum de 100,000 tonnes ; avant peu on arrivera à doubler ce chiffre.

» Si l'on songe que, presque au sortir de la plus

grande famine qu'on ait vue depuis longtemps, le pays a pu arriver à une production pareille, il faut bien en attribuer les causes à l'existence du chemin de fer de Constantine à Philippeville, qui a stimulé au plus haut degré tous les producteurs européens et indigènes.

» Pour démontrer l'urgente utilité de la création des lignes de Constantine à Sétif, avec embranchement sur Batna, il n'est point nécessaire de recourir à une enquête longue et minutieuse. La connaissance du remarquable travail de M. Schérer, ingénieur des Ponts et Chaussées, rend de nouvelles études tout-à-fait superflues; on peut, en effet, grâce à ce travail, présenter les renseignements les plus substantiels et les plus complets.

» La Chambre croira, sans doute, ne pouvoir rien faire de mieux que de décider l'impression de ce document sous forme de brochure. Cette brochure peut être envoyée aux diverses Sociétés financières et industrielles, à tous ceux, enfin, qui paraîtraient être susceptibles de concourir à l'exécution de ce travail destiné à accroître, dans des proportions considérables, les sources de production si variées de la province de Constantine.

» En dehors des produits naturels, tels que bois, mines, alfas, etc., combien de plaines, aujourd'hui dépeuplées, parcourues seulement par quelques bestiaux, seront livrées à la culture et par conséquent à la production. Elles viendront bientôt concourir à la fortune publique aussi bien qu'à la fortune privée. L'alfa seul constitue une valeur morte de plusieurs millions.

» Pour confirmer cette vérité, transportons-nous par la pensée dans les plaines d'alfa et autres des environs de Tébessa, Aïn-Beïda, Batna, ce pays des espaces sans fin, si propre à la culture des céréales, et dont la solitude n'est troublée que par quelques troupeaux clair-semés. De loin en loin, un beau champ d'orge ou de blé apparaît. D'où en vient la rareté? Il suffit, pour se l'expliquer, de rechercher le sort qui est réservé à la récolte.

» L'orge, à Philippeville, vaut en ce moment 17 fr.

» Le transport de cette denrée de Tébessa à Constantine se paie........................... 12   »

» Le chemin de fer de Constantine à Philippeville, port d'embarquement......... 1 30

Total.............. 13 30

» Que reste-t-il au producteur de ces contrées ? 3 fr. 70 c.

» Mais pour semer, récolter et dépiquer, n'a-t-il pas dépensé plus de 3 fr. 70? Le cultivateur perdrait donc son travail, sa semence et son temps.

» Si l'on considère que le prix de 17 fr. est élevé, que souvent l'orge ne se vend à Philippeville que 15 fr., on se demande ce que devient dans ce cas la culture. Est-elle possible ?

» C'est ainsi que l'habitant de ces régions est contraint de ne produire absolument que ce qu'il consomme.

» Mais quel changement quand une voie ferrée traversera ces plaines ! Tous ces vastes pays ouverts et rendus accessibles à la colonisation se peupleront; leur stérilité apparente fera place à la production, à l'abondance et à la richesse.

» Tel sera, Messieurs, le résultat du grand travail dont nous demandons l'exécution; j'ose espérer que pour en bien démontrer l'utilité, la Chambre décidera avec empressement l'impression du rapport de M. l'Ingénieur des Ponts et Chaussées, et qu'elle n'hésitera pas à l'adresser partout où pourra se produire l'appui sans lequel nous ne pouvons espérer la réalisation d'un projet qui décuplera les facultés productives de notre belle province. »

Après la lecture du rapport, le Président se déclare prêt à en voter les conclusions. Il a lu et étudié le travail fort remarquable présenté au Conseil général par MM. les Ingénieurs chargés de la reconnaissance du tracé du chemin de fer de Constantine à Sétif et de Constantine à Batna. Il ne lui appartient pas d'en apprécier la partie technique, mais il appelle tout particulièrement l'attention de ses collègues sur les renseignements statistiques extrêmement intéressants qu'il renferme, touchant les richesses naturelles du pays, l'importance actuelle du trafic, son accroissement forcé, qui résultera de l'augmentation de la production des régions à desservir, et enfin sur le revenu probable du réseau.

On ne saurait fournir une plus éloquente démonstration de l'utilité des voies ferrées projetées sur Sétif et Batna, et des avantages qu'une telle entreprise réserve aux capitaux qui s'y engageront.

Un point toutefois l'a frappé : c'est l'excessive modération des chiffres donnés par MM. les Ingénieurs pour établir le rendement probable de l'exploitation. Ce point essentiel, il importe de bien le mettre en relief, car il est persuadé qu'il n'a pas plus échappé à l'attention de ses collègues qu'à la sienne

Bien que l'information commencée par la Chambre en 1873 ait dû rester inachevée, en raison des grandes difficultés qu'on rencontre dans ce vaste pays pour dresser des statistiques commerciales et industrielles complètes, les renseignements consciencieux et fort exacts dus aux soins et à l'obligeance éprouvée des correspondants de la Chambre évaluent beaucoup plus haut que ne le font les Ingénieurs l'importance actuelle du transport des personnes et des choses et l'accroissement certain du trafic après l'établissement de voies ferrées.

Dans l'arrondissement de Sétif, au territoire aussi étendu que fertile, comment évaluer la puissance de production en céréales, bestiaux, laines et cuirs de tant de riches contrées, qui s'étendent dans la Medjana et jusqu'à l'extrémité du Hodna, le jour où le prolongement de notre chemin de fer leur donnera un débouché?

L'arrondissement de Batna présente, de son côté, en faveur de la voie ferrée, une réunion exceptionnelle d'éléments de prospérité. Mines de cuivre et de plomb argentifère, mines de fer et de plomb s'y font remarquer par leur nombre, leur étendue et leur richesse. Les bois de construction, de chauffage et d'ébénisterie y couvrent des surfaces immenses. L'alfa, ce textile qui joue dans l'industrie un rôle de plus en plus important, abonde dans tout le périmètre de l'arrondissement.

Que faut-il pour utiliser ces nombreuses richesses aujourd'hui inexploitées? Deux choses que le chemin de fer apportera: la rapidité des communications; l'uniformité et le bon marché des transports.

A l'appui de ce raisonnement, le Président cite comme exemple le chemin de fer de Constantine à la mer, inauguré en 1870. La Chambre, consultée sur l'importance du trafic probable, l'avait évalué à 75,000 tonnes par année. Un administrateur de la Compagnie se récriait contre l'énormité de ce chiffre, entaché, selon lui, d'exagération. Quatre ans à peine se sont écoulés, et la somme des transports a doublé. Elle s'élèvera cette année à 170,000 tonnes.

Plusieurs membres prennent tour à tour la parole pour confirmer les observations du Président.

Dans les fertiles régions qui dépendent de Sétif et de Batna, ce n'est pas la marchandise qui manque, ni les facultés productrices qui font défaut; ce qui manque, ce sont les moyens de transports économiques qui assurent les débouchés, c'est aussi l'uniformité et le bon marché des tarifs qui permettent au commerce d'asseoir des opérations sérieuses et sûres.

Étant donné l'exactitude des calculs des ingénieurs sur le prix de revient des lignes à créer, savoir:

234 kilomètres, réseau total pour Sétif et Batna;

98,000 fr. par kilomètre pour la dépense de construction;

6,000 fr. par kilomètre pour les frais d'exploitation; il n'est pas douteux que le rendement probable, évalué à 14,000 fr. par kilomètre, atteindra ce chiffre s'il ne le dépasse pas, d'où un revenu certain de 8 % du capital engagé.

On peut donc, sans céder à aucune illusion, affirmer que le prolongement de la voie ferrée de Constantine sur Sétif et sur Batna constituera une excellente affaire industrielle pour la Compagnie qui en aura la concession en même temps qu'il assurera le développement de la colonisation, le peuplement et la prospérité de la province.

A l'unanimité de ses membres, la Chambre décide que les rapports sus-visés de MM. les Ingénieurs des Ponts et Chaussées de Constantine, précédés de la présente délibération, seront publiés en brochure à trois cents exemplaires et adressés aux Chambres de commerce, aux Sociétés de crédit et aux principaux capitalistes de la Métropole.

Signatures des Membres présents :

MM. CAURO, *Président ;*
    BONIFFAY, *Vice-Président ;*
    Simon ISAAC, *Secrétaire-Trésorier ;*
    Désiré BRUNACHE,
    STORA,
    MESRINE,
    ELIE BEN SIMON,   } *Membres.*
    M'HAMED ROUCHAÏ BEN ABDERRAHMAN
    ALI BEN MOHAMED BEN EL-HAMOUCHI,

RECONNAISSANCE DU TRACÉ

DES CHEMINS DE FER

DE

CONSTANTINE A SÉTIF & DE CONSTANTINE A BATNA

RAPPORT DE L'INGÉNIEUR ORDINAIRE

L'utilité et le but du travail que nous présentons ont déjà été exposés par M. l'ingénieur en chef Lebiez, dans la séance du Conseil général du 5 décembre 1871.

En développant les motifs qui avaient poussé les ingénieurs de Constantine à demander l'allocation d'un crédit de 5,000 fr. pour la reconnaissance du tracé du chemin de fer de Sétif, par la vallée du Bou-Merzoug et les hauts plateaux des Telaghma et des Abd-el-Nour, M. l'ingénieur en chef Lebiez exposait, en effet, dans la séance précitée du Conseil général, que nous n'avions nullement la prétention d'arriver, avec le faible crédit demandé, à fournir un projet complet et détaillé du chemin de fer de Sétif à Constantine, mais que nous demandions simplement les moyens nous permettant de lever les plans et profils nécessaires, pour démontrer que le passage proposé, par les hauts plateaux, permettait d'établir le chemin de fer de Sétif dans de remarquables conditions de tracé et d'économie, et que nous espérions qu'en cas de confirmation de nos prévisions, la publication des résultats obtenus arriverait peut-être à attirer des capitalistes sérieux, pour s'occuper de l'étude définitive et de la construction dudit chemin, puisque — fait avéré et indiscutable — une compagnie sérieuse se laisse beaucoup plus facilement convaincre par la production d'un plan et d'un profil exacts que par les plus éloquentes considérations verbales ou écrites, non appuyées de nivellements justificatifs.

Ces considérations, adoptées par le Conseil général du département, nous ont fait allouer, en 1872, un premier crédit de 5,000 fr. pour la reconnaissance du tracé de la ligne de Sétif, et, en 1873, un nouveau crédit de 4,324 fr. 69 cent., pour l'achèvement des études commencées et la reconnaissance complémentaire de l'embranchement reliant la ville de Batna au tracé proposé pour la ligne de Sétif.

Ce sont les résultats complets de nos études et de nos travaux sur cette question de l'établissement économique des chemins de fer de Sétif et de Batna que nous soumettons aujourd'hui aux autorités compétentes, en présentant avec notre rapport le plan et le profil en long détaillés des tracés des deux lignes de Constantine à Sétif et de Constantine à Batna, lignes présentant une longueur totale de 234 kilomètres.

Les bases adoptées pour l'établissement des tracés étudiés sont du reste les mêmes que celles imposées à la Compagnie de Lyon à la Méditerranée pour l'exécution de la ligne de Philippeville à Constantine, et comprennent la limite inférieure de 200ᵐ pour le rayon

des courbes et la limite de 0ᵐ025 pour les déclivités
du profil en long.

Cet exposé fait, nous entrons directement dans la
discussion du sujet qui nous occupe.

En jetant les yeux sur la carte de la province de
Constantine dressée par le service de l'État-Major,
il est facile de se rendre compte, quelqu'imparfaite
que soit du reste cette carte au point de vue du relief
du terrain, que la partie centrale de la province est
formée par une série successive de grandes plaines
communément appelées hauts plateaux, d'où descendent les nombreux cours d'eau qui traversent le Tell
et arrosent les parties généralement occupées par la
colonisation.

Tout à l'ouest et sur les confins de la province, s'é-
tendent les fertiles et riches plateaux de la Medjana,
qui communiquent à l'est, par la vallée du Bou-Sellam
et de ses affluents, avec la plaine non moins produc-
tive des Eulmas. De la région des Eulmas, on passe
facilement sur le haut plateau des Abd-el-Nour, qui,
de l'Oued-Djerman à la Mechta-zel-Arbi, compte environ trente-cinq kilomètres de longueur et est également
renommé pour l'abondance de ses productions en
troupeaux et céréales. A l'est des Abd-el-Nour et dans
la même direction, s'étend, sur trente kilomètres de
longueur, la plaine des Telaghma, ne le cédant sous
aucun rapport aux précédentes pour la fertilité de son
terrain et l'étendue de ses cultures. Les Telaghma sont
limités au levant par un massif montagneux dont les
principaux pics sont formés par le Djebel-Mendelson,
le Djebel-Mimoun et le Djebel-Arouin, et qui présente
entre ces pics des dépressions excessivement basses,
par lesquelles on passe sans difficultés dans la plaine
de M'lila. C'est de cette plaine de M'lila que descend

la vallée de l'Oued-Guerra, affluent de l'Oued-bou-Merzoug, vallée par laquelle Constantine communique naturellement et facilement avec la série des hauts plateaux que nous venons d'énumérer.

Si, après avoir débouché dans la plaine de M'lila, on infléchit légèrement vers le Sud, en contournant le Djebel-Guerioun et en suivant la vallée d'Aïn-Kercha, on aboutit, sans difficultés, dans la plaine de Touila et ensuite dans celle de Temlouka, que dessert l'Oued-Cherf et que doit parcourir le chemin projeté de Bône à Tébessa, par Guelma et Aïn-Beïda.

Si donc, en se plaçant au point de vue le plus général, on se proposait d'établir, d'une seule pièce, un réseau rationnel de chemins de fer pour desservir dans les meilleures conditions toute la province de Constantine, ce réseau devrait se composer, à notre avis, d'une grande ligne parallèle à la mer, parcourant de l'Ouest à l'Est les grandes plaines de la Medjana, des Eulmas, des Abd-el-Nour, des Telaghma, de M'lila, de Touila, de Temlouka et de la Meskiana, de façon à relier Bordj-bou-Arreridj à Tébessa. Ce réseau central recueillerait les produits agricoles des riches et fertiles plaines qu'il traverse pour les déverser vers le littoral par trois embranchements perpendiculaires qui desserviraient, alors, plus spécialement les régions livrées à la colonisation européenne.

Ces embranchements se composeraient des trois lignes secondaires suivantes : la première, celle de l'Ouest, reliant Bordj à Bougie par la vallée de l'Oued-Sahel ; la seconde, celle du centre, reliant M'lila à Constantine et au chemin de fer de Philippeville par la vallée du Bou-Merzoug, et, enfin, celle de l'Est, reliant Aïn-Beïda à Bône par les vallées de l'Oued-Cherf et de la Seybouse. En outre, dans la partie centrale où la colonisation a pénétré plus avant dans le Sud et s'est emparée des régions de Batna et de Biskra, l'embranchement perpendiculaire de la vallée du Bou-Merzoug devra être prolongé au-delà de ce réseau central pour s'étendre jusqu'à Batna et éventuellement jusqu'à Biskra.

Les considérations précédentes montrent que le tracé que nous avons proposé pour la ligne de Sétif, ne constitue autre chose qu'un tronçon du réseau général que nous venons de décrire ; la partie de ce tracé qui remonte la vallée du Bou-Merzoug et celle de l'Oued-Guerra, jusqu'à l'origine de la plaine de M'lila, et qui sera commune aux deux lignes de Sétif et de Batna, n'est autre qu'une partie de l'embranchement secondaire central de notre réseau général. Une fois arrivé dans la plaine de M'lila, le tracé se bifurque ; la ligne de Sétif s'infléchit à l'Ouest en empruntant, jusqu'à la hauteur de Sétif, le grand réseau central, tandis que la ligne de Batna constitue le prolongement naturel vers le sud de l'embranchement perpendiculaire du milieu de la province. Les deux tracés que nous avons étudiés se partagent donc naturellement en trois grands tronçons que nous allons décrire séparément, et qui se composent : le premier, de la section commune aux deux lignes de Sétif et de Batna, section ayant $36^k575^m32^c$ de longueur, et s'étendant entre Constantine et El-Guerra ; le second, du tronçon de $117^k135^m50^c$, s'étendant entre El-Guerra et Sétif, et le troisième enfin, du tronçon de $79^k973^m22^c$ s'étendant entre El-Guerra et Batna.

1° *Tronçon de Constantine à El-Guerra.*

Longueur : 36ᵏ575ᵐ32ᶜ.

Ce tronçon dessert spécialement la belle vallée du Bou-Merzoug, qu'il parcourt sur toute sa longueur ainsi que nous l'avons exposé plus haut ; la gare de Constantine étant située à un kilomètre en aval du confluent du Bou-Merzoug et de l'Oued-Rhumel et sur un plateau élevé à environ 70ᵐ au-dessus de la rivière et de la partie basse de la plaine, une première difficulté se présentait pour racheter ces 70ᵐ d'élévation et faire descendre la ligne ferrée dans la vallée même du Bou-Merzoug.

L'étude que nous avons faite démontre qu'en quittant la gare de Constantine (590ᵐ20ᶜ) avec un rayon de 250ᵐ, le tracé peut se développer sur les flancs tourmentés du Mansourah, en suivant sensiblement le tracé de la nouvelle route de Batna, qu'il coupe en deux points: le premier, situé à la sortie même de la gare de Constantine, et le second, vers l'origine du plateau inférieur de Sidi-Mabrouk. De ce dernier plateau, le tracé peut ensuite descendre dans la vallée secondaire de l'Oued-Bilbragts par une rampe de 0ᵐ02ᶜ, ne s'étendant que sur 514ᵐ de longueur, et franchir cette rivière sur un pont avec travée métallique de 20ᵐ d'ouverture, auquel la ligne accèdera par un remblai de 12ᵐ de hauteur. De ce point, le tracé continuera encore à descendre sur environ 2ᵏ, mais avec une déclivité beaucoup moindre, pour déboucher dans la partie basse de la vallée du Bou-Merzoug (568ᵐ413ᵐᵐ), au droit de la borne 6ᵏ500ᵐᵐ de la route nationale de Biskra. A partir de ce point, le tracé suit la vallée qu'il remonte par une série continue de rampes jusqu'à la gare du Khroub (595^{m}900^{mm}), en franchissant l'Oued-Hamimim sur un pont de 20^m et l'Oued-Feutaria sur un autre pont de 10^m d'ouverture. Les nombreux canaux dont la plaine du Khroub est sillonnée dans cette région, exigent le maintient du tracé à un niveau constamment supérieur à celui de ses canaux, et donnent lieu, par suite, sur toute la section située avant l'Oued-Hamimim, à des terrassements assez considérables. Entre l'Oued-Hamimim et la montée du Khroub, le tracé est, au contraire, constamment établi en plaine, et ne donne lieu qu'à des terrassements insignifiants.

La gare du Khroub est placée au pied du mamelon sur lequel est bâti ce village, et au-dessus des deux canaux qui contournent ce mamelon ; elle est prévue en déblai exécuté partiellement dans le roc, solution que nous aurions pu éviter, mais que nous avons adoptée, puisque ce mamelon du Khroub est la seule carrière pouvant fournir le ballast nécessaire à toute cette première section.

A la sortie de la gare du Khroub, le tracé que nous proposons traverse les prairies de la rive droite sur un remblai de 3^{m}50^c de hauteur pour passer sur la rive gauche du Bou-Merzoug au moyen d'un pont avec travée métallique de 10^m d'ouverture, et se développe ensuite sur cette rive gauche jusqu'au pied du mamelon sur lequel est bâti le village des Ouled-Rahmoun. Il était facile de contourner ce mamelon avec des déclivités très-douces et des terrassements peu dispendieux ; mais, cette solution augmentait le tracé de 1,500^m, et nous avons, par suite, préféré faire passer la ligne projetée par un petit col par lequel passe déjà la route nationale n° 3, qui abandonne également, dans cette partie de son parcours, la vallée inférieure du Bou-Merzoug.

Cette solution donne lieu, il est vrai, à un profil assez accidenté sur environ 3^k de longueur et à un mouvement de terres beaucoup plus considérable que celle du contournement du mamelon ; mais, ces inconvénients sont largement compensés, à notre avis, par la diminution de $1,500^m$ que l'on obtient ainsi sur la longueur du tracé.

La ligne projetée franchit le col des Ouled-Rahmoun dans une tranchée de 7^m, nécessaire pour permettre l'établissement d'un passage supérieur pour la route nationale n° 3, passant également dans ce col très-resserré, et descend ensuite, avec une légère contre-pente, jusqu'à la gare des Ouled-Rahmoun (685^m595^{mm}), placée dans la vallée, entre la route nationale et la rivière.

En sortant de cette gare, le tracé continue à remonter la vallée en suivant les prairies de la rive gauche, et arrive à El-Guerra, à l'entrée de la plaine de M'lila, sans difficultés et sans fortes dépenses, le profil en long ne présentant, sur la presque totalité de cette section de 9^k de longueur, que des cotes rouges inférieures à 1^m.

C'est à la sortie de cette dernière station d'El-Guerra (751^m314^{mm}), que se trouve la bifurcation des deux lignes de Sétif et de Batna, et cette situation topographique spéciale tendra infailliblement à la création, à El-Guerra, d'un centre important.

DEUXIÈME TRONÇON.

Ligne d'El-Guerra à Sétif.

Au sortir de la Gare d'El-Guerra (751^{m}314^{mm}), le tracé de la ligne de Sétif s'infléchit vers l'Est en se dirigeant vers la dépression qui existe entre le Djebel-Mendelson et le Djebel-Mimoum, et arrive au col donnant passage dans la plaine des Talaghma après un parcours de 7,058^{m}58^c ne présentant aucunes difficultés. En adoptant, sur la faible longueur de 700^m, la rampe de 0^{m}022^{mm} par mètre, on pourrait arriver à ce col (845^{m}809^{mm}) sans terrassements, en réduisant, au contraire, à 0^{m}018^{mm} la rampe d'accès ; ce col peut être traversé et franchi au moyen d'une tranchée ne dépassant par 3^{m}50 de hauteur maxima.

De ce col, le tracé descend par un alignement droit de 10^k dans la plaine des Telaghma avec des pentes qui ne dépassent pas 0^{m}015^{mm} par mètre, passe à côté des sources d'Aïn-Seguin (750^{m}742), près desquelles sera établie la station de l'Oued-Seguin, et se dirige vers le côté opposé de cette plaine par une série de grands alignements, dont l'un atteint 8,449^{m}09^c de longueur, pour déboucher à l'Oued-Melah et à la côte 818, au pied du contrefort séparant le bassin des Telaghma de celui des Abd-el-Nour. L'inspection du profil en long démontre que, depuis El-Guerra jusqu'à l'Oued-Melah, c'est-à-dire sur environ 36^k de longueur, la ligne projetée sera constamment établie en plaine et ne donnera lieu à aucun terrassement sensible, à l'exception de deux levées de 2^m de hauteur avoisinant les seuls ouvrages d'art importants de cette section, un pont de 10^m d'ouverture sur l'Oued-Mekalfa et un autre pont de même ouverture sur l'Oued-Tadjerout.

Pour franchir le contrefort qui sépare la plaine des Telaghma de celles des Abd-el-Nour, le tracé s'élève, par une série de rampes qui ne dépassent pas la limite de 0^m018^{mm} par mètre, jusqu'à la crête (874^m074), coupe cette crête par une tranchée de 3^m79^c de profondeur et redescend ensuite par une série de pentes ne dépassant pas 0^m015^{mm} jusqu'à la Mechta-zel-Arbi (812^m311), située de l'autre côté de ce contrefort, à l'entrée de la plaine des Abd-el-Nour.

Ce passage de $9,500^m$ de longueur présente un profil plus accidenté que le tronçon précédent, mais ne sort néanmoins, en aucune façon, des conditions ordinairement admises pour les chemins de fer économiques, puisqu'il ne nécessite aucun ouvrage d'art sérieux et qu'en aucun point la hauteur des terrassements ne dépasse le chiffre de 7^m.

Sur toute cette section, s'étendant entre El-Guerra et Mechta-zel-Arbi, les courbes présentent, du reste, des rayons en général supérieurs à 500^m et qui ne descendent qu'en quelques rares points à la limite inférieure de 350^m.

Le second tronçon de la ligne d'El-Guerra à Sétif s'étend entre Mechta-zel-Arbi et Sétif sur une longueur de $74,122^m24^c$, et commence par la traversée de la plaine des Abd-el-Nour, dans laquelle, sur une longueur de 35^k, le tracé suit presque partout le sol naturel et ne présente de terrassements sérieux qu'en un seul point, le passage de l'Oued-Merdj-el-Harris, franchi sur un pont de 20^m d'ouverture. En plan, ce tracé présente une série de grands alignements, dont l'un dépasse 20^k, et qui sont raccordés par des courbes ayant toutes des rayons supérieurs à 500^m.

Après le passage de l'Oued-Djerman, que la ligne projetée franchit sur un pont de 20^m d'ouverture, le tracé descend dans la plaine des Eulmas, jusqu'en face du village de ce nom (927^{m}951); il remonte ensuite le côté opposé de cette plaine pour arriver, après avoir franchi l'Oued-Kaïtoun avec un pont de 10^m, au pied de l'escarpement (940^{m}344) qui sépare la plaine des Eulmas du plateau de Ras-Eulma.

Cet escarpement très-raide qui sépare les deux plateaux règne sur plusieurs kilomètres de longueur, à gauche et à droite de la ligne projetée, et peut être franchi en développant le tracé sous la forme d'un S et en adoptant une rampe de 0^{m}024^{mm} sur 1,554^{m}67^c de longueur (1).

Une fois arrivée sur le plateau de Ras-Eulma, la ligne traverse, sur 13^k et dans toute sa largeur, ce dernier plateau, dans les mêmes bonnes conditions que nous avons déjà rencontrées dans la plaine des Abd-el-Nour et dans celle des Telaghma, c'est-à-dire sans nécessiter des terrassements un peu importants, si ce n'est dans le voisinage des ouvrages d'art.

Au profil 371 et à la côte 986^{m}030, le tracé que nous proposons entre dans la vallée de l'Oued-Chouk et quitte le réseau central de Tébessa à Bordj-bou-Arreridj; de ce point, ce dernier réseau devra, en effet, descendre la rive gauche de l'Oued-Chouk, pour at-

____

(1) Il résulte d'études faites depuis la présentation de notre rapport que cette rampe de 0m024mm (la seule supérieure à 0m020mm que comporte le projet) pouvait être supprimée et que l'on pourra arriver au plateau de Ras-Eulma sans de trop graves difficultés avec des rampes ne dépassant pas 0m015mm.

teindre la vallée du Bou-Sellam, tandis que pour arriver à Sétif, situé sur un contrefort élevé que contourne cette rivière, notre tracé doit franchir l'Oued-Chouk et les autres ravins assez profonds que l'on rencontre en avant de Sétif, pour s'élever par une série successive de rampes variant de 0^m013^{mm} à 0^m018, à l'altitude de $1,071^m$ de la ville de Sétif.

Cette dernière section, d'une longueur de $9,500^m$, présente un profil assez accidenté ; le tracé projeté franchit d'abord la vallée du Chouk, sur un remblai de 14^m de hauteur, passe au sud du village d'Aïn-Trik, et se dirige ensuite en ligne droite vers la route nationale n° 5, qu'il longe sensiblement depuis la ferme Schwartz jusqu'aux portes de Sétif, où la gare se trouve projetée attenante aux murs mêmes de la ville et à proximité du marché arabe.

TROISIÈME TRONÇON.

Ligne d'El-Guerra à Batna.

Cette ligne se bifurque sur la ligne de Sétif en un point situé à 250^m après la sortie de la gare d'El-Guerra, et remonte la vallée d'El-Guerra et celle de Fesguia jusqu'à hauteur du centre européen de M'lila, dont la gare est établie un peu à l'est du village et à l'altitude de 760^m031.

De M'lila, le tracé continue à se diriger vers le sud, en suivant l'ancienne route de Batna, contourne le pied du Djebel-Sidi-Allelif et remonte la plaine du Bourbier jusqu'à Boutinelli (809^m015), situé au col par lequel on passe du bassin du Bou-Merzoug dans celui des lacs salés.

Sur toute cette section, ayant environ 25^k de longueur, le tracé est toujours établi en plaine et ne nécessite que des travaux de terrassements insignifiants ; dans les plaines de M'lila et du Bourbier, les déclivités sont très-douces ; quant à la montée de Boutinelli, elle peut également être exécutée presque sans terrassements, en adoptant la rampe de 0^{m}020^{mm} sur une longueur de 1,402^{m}13^c.

De Boutinelli, la ligne projetée descend en longeant la route nationale n° 3 jusqu'au bord du Chott-M'zouri (786^{m}553), par des pentes inférieures à 0^{m}010^{mm} par mètre, et longe le bord de ce lac en se tenant au-dessus de la route de Batna jusqu'au profil 212 du tracé.

De ce profil, la route monte au col d'Aïn-Iagout, par lequel elle passe du bassin des lacs salés dans celui de l'Oued-Batna, tandis que notre tracé s'infléchit vers l'ouest et suit une vallée large et commode, qui conduit sans difficultés et par des rampes ne dépassant pas 0^{m}012 à une dépression beaucoup plus basse que celle d'Aïn-Iagout (857^{m}344).

Après avoir franchi ce col, le tracé proposé descend dans la vallée de l'Oued-Mader par une série de pentes différant peu de 0^{m}020^{mm} par mètre et régnant sur une longueur d'environ 2,500^m, franchit l'Oued-el-Mader à l'altitude de 810^{m}931 sur un pont de 16^m d'ouverture, remonte la rive gauche de cette rivière pour passer de nouveau sur la rive opposée à l'altitude de 816^{m}500, se dirige vers l'Oued-Batna par une série de rampes ne dépassant pas 0^{m}012^{mm} par mètre, franchit cette rivière à l'altitude de 937^{m}300 sur un pont de 10^m, et remonte ensuite la rive droite de la vallée de l'Oued-Batna (1,010^{m}86) jusqu'à la gare de Batna, qui se trouve projetée établie à environ 200^m des portes de la ville et le long de la route nationale n° 3.

. Sur toute la section s'étendant entre Boutinelli et Batna, le tracé que nous proposons présente les mêmes conditions de facilité que sur la première partie de cette ligne d'El-Guerra à Batna, c'est-à-dire se trouve établi en plaine et ne nécessite presque aucun travail de terrassements ; nous n'avons d'exception à signaler à cet état de choses que pour deux tranchées à la descente, dans la vallée de l'Oued-el-Mader, et trois tranchées dans la vallée de l'Oued-Batna, pour lesquelles la hauteur des terrassements dépasse la moyenne de 1^m et atteint de 5 à 6^m.

Après avoir ainsi décrit et justifié les dispositions que nous proposons pour le tracé des deux chemins de fer de Batna et de Sétif, nous croyons devoir rappeler ici que nous n'avons nullement la prétention de faire considérer les tracés proposés comme des tracés définitifs, complétement étudiés et ne nécessitant aucune rectification ; ce que nous tenons à établir, c'est qu'ils sont exacts, c'est-à-dire qu'ils permettraient d'établir les lignes projetées en suivant les indications données par nos plans et nos profils. Ils permettent donc, d'un autre côté, de se rendre un compte approximatif, mais très-suffisant, de la dépense à laquelle pourra s'élever la construction des deux lignes qui nous occupent, et il est évident que toutes les modifications qu'une étude plus longue et plus minutieuse sur le terrain permettra d'y apporter donneront lieu à des économies dans la dépense définitive.

L'estimation approximative de la dépense que nous allons essayer de déduire de la comparaison des profils établis avec ceux des routes voisines, peut et doit donc être regardée comme un maximum qui, selon toute probabilité, sera réduit de beaucoup dans l'estimation des projets définitifs.

Ceci établi, il résulte, en résumé, des profils en long que nous présentons, qu'en adoptant le tracé par les hauts plateaux, la ligne de Constantine à Sétif se composera des sections suivantes :

1° Section de Constantine à El-Guerra.... $36,575^m12^c$
2° Section d'El-Guerra à Mechta-zel-Arbi.   43,012 86
3° Section de Mechta-zel-Arbi à Sétif.....   74,122 24

Ce qui donne pour la longueur totale de cette ligne......................... $153,710^m22^c$

Quant à la ligne de Constantine à Batna, elle se compose des sections suivantes :

1° Section de Constantine à El-Guerra.... $36,575^m12^c$
2° Section d'El-Guerra à Batna.........   79,973 22

Longueur totale............. $116,548^m34^c$

Sétif est situé au kilomètre 126 de la route nationale n° 5 ; mais le point 0 du kilométrage est placé au droit de la halle aux grains de Constantine ; en ajoutant donc à ces kilomètres les deux kilomètres que mesure la distance de la gare aux marchandises de Constantine à ladite halle, il en résulte que, par la route, les marchandises n'ont à parcourir qu'une distance de 128^k, tandis que, dans notre tracé de chemin de fer, la distance se trouve augmentée du cinquième ($1/5^e$) environ et portée à 153^k700^m.

Quant à Batna, cette ville est située au kilomètre 118, et la distance par chemin de fer sera un peu inférieure à celle par la route ordinaire.

La solution que nous proposons présente donc un inconvénient incontestable, celui d'allonger le parcours de Constantine à Sétif ; mais ce fait, n'a d'un côté, rien d'exceptionnel dans les conditions spéciales dans lesquelles nous nous trouvons, et le Conseil général a lui-même déjà approuvé, sans objection, le tracé de la ligne de Bône à Guelma, qui présente 87^k de longueur, tandis que la distance entre ces deux villes n'est, par la route ordinaire, que de 64^k.

Nous ajouterons, d'un autre côté, que cet inconvénient se trouve, en outre, largement compensé par un avantage énorme, celui d'une forte économie dans la dépense, par suite d'une réduction réelle dans la longueur totale du réseau des deux lignes.

En adoptant, en effet, nos propositions, il suffira pour relier Constantine aux deux villes de Sétif et de Batna de construire les quatre tronçons suivants :

(A) De Constantine à El-Guerra......   36,575^{m}12^c
 (B) D'El-Guerra à Batna.............   79,973 22
(C) D'El-Guerra à Mechta-zel-Arbi....   43,012 86
(D) De Mechta-zel-Arbi à Sétif.......   74,122 24

      Soit en total..........   233,683^{m}44^c

de chemin de fer; tandis qu'en établissant le chemin de fer direct de Constantine à Sétif, par la vallée du Rhumel, celui-ci aura une longueur au moins égale à à celle de la route, soit................   128,000^m »
et en ajoutant alors celle du chemin de fer de Batna, qui reste la même que dans l'hypothèse précédente, soit...........   116,550 »

on arrive à un total d'environ..........   244,550^m »
de chemin de fer à construire dans cette dernière hypothèse.

En ne tenant même aucun compte de la grande augmentation dans la dépense que nécessitera le tracé par la vallée du Rhumel, ainsi que nous l'avons démontré dans notre notice du 25 août 1872, notre solution qui n'exige que la construction de 233,690ᵐ de chemin de fer économisera, en définitif, dans l'établissement des deux lignes de Sétif et de Batna, la construction de 10,800ᵐ de voie ferrée, ce qui justifie, à un nouveau point de vue, le tracé que nous proposons.

Cette justification faite, nous allons établir approximativement le prix de revient de l'infrastructure des deux lignes en question, et nous croyons pouvoir arriver à ce résultat avec une approximation suffisamment grande, en estimant, à part les grands ouvrages d'art, c'est-à-dire ceux qui dépassent 6ᵐ d'ouverture, et en comparant ensuite les travaux courants de terrassements et d'ouvrages d'art à ceux des sections voisines des routes nationales nᵒˢ 3 et 5. Les résultats que nous allons déduire de cette comparaison correspondront à une dépense maxima, puisque le profil type d'une seule voie que nous proposons pour notre tracé, ne comporte que 4ᵐ50ᶜ de largeur, tandis que le profil type des deux routes précitées présente 8ᵐ de largeur.

En examinant les profils en long présentés, il est facile d'additionner la longueur des différents tronçons pour lesquels le tracé sort des conditions d'un tracé économique en plaine, c'est-à-dire pour lesquels la cote rouge du profil en long dépasse, en moyenne, 1ᵐ à 1ᵐ75ᶜ de hauteur, et donne lieu à un cube moyen de terrassement supérieur à 6ᵐ par mètre courant de chemin.

La somme des longueurs de ces tronçons s'élève:

Pour la section de Constantine à El-Guerra, à environ......................... 15,700ᵐ »

A REPORTER. 15,700ᵐ »

REPORT...   15,700^m »

Pour celle d'El-Guerra à Mechta-zel-
    Arbi, à........................... 10,200   »
Pour celle de Mechta-zel-Arbi à Sétif, à   13,290   »
Pour celle d'El-Guerra à Batna....... 1,500   »

Soit en total au chiffre de..... 40,690^m »

sur un réseau total de 233,690^m de longueur. Le réseau
projeté comprend donc 40,690^m courants de tracé assez
tourmenté et 193,000^m de tracé facile en plaine.

Un des tronçons les plus tourmentés du réseau est
formé par la section située à la sortie de la gare à
Constantine, et comprenant le contournement des
flancs du Mansourah, section qui longe de très-près la
nouvelle route de Batna.

Le profil de cette section ne diffère que peu du
profil de la route voisine, qui présentait également
des déblais et des remblais sur l'axe atteignant 10^m de
hauteur ; quant aux ouvrages d'art, ils sont les mêmes
pour les deux voies de communication ; nous pouvons
donc, surtout en tenant compte de la largeur de 10^m,
que présente en ce point ladite route, appliquer
comme un maximum aux travaux de cette section de
chemin de fer le prix de revient moyen des terrassements et ouvrages d'art de cette nouvelle route de
Batna, qui s'est élevé à 45,000 fr. le kilomètre.

Cette première section étant une des plus tour-
mentées du réseau, nous appliquerons ce prix de
45,000 fr. à l'ensemble des 40,690^m de la partie difficile
du tracé, et nous appliquerons au restant du réseau,
c'est-à-dire à la partie en plaine pour laquelle les
terrassements ne dépassent jamais 6^m cubes par mètre
courant et sont la plupart du temps inférieurs à 2 ou
3^m cubes, le prix moyen de 15,000 fr. le kilomètre, qui

résulte des derniers tronçons de route construits en
des circonstances à peu près identiques.

La dépense relative aux terrassements et ouvrages
d'art courants de notre réseau peut donc alors s'établir
de la façon suivante :

40,690^m à 45 fr....   1.831.050
195,000^m à 15 fr....   2.895.000

Total pour les terrasse-
   ments et ouvrages cou-
   rants............... 4.726.050   4.726.050 »

Quant aux grands ouvrages d'art,
nous les supposerons formés de ta-
bliers métalliques reposant sur des
culées tout en maçonnerie ordinaire,
et ne portant, comme pierre de taille,
que les coussinets d'appui des poutres
métalliques. La largeur de ces culées
né dépassera pas 5^m, et nous compte-
rons alors 5,000 fr. pour le prix de
revient moyen d'une culée, et 800 fr.
par mètre courant de portée des ta-
bliers à une voie, ce qui nous donne :

1° Pour quatre ponts de 20^m d'ouverture (Oued-Bilbragts, Oued-Hamimim, Oued-Merdj-el-Harris, Oued-
German), 4 × 26,000, ci... 104.000

2° Pour deux ponts de
16^m d'ouverture (Oued-el-
Mader et Oued-Batna),
2 × 22,800, ci........... 45.600

3° Pour sept ponts de
10^m d'ouverture (Oued-

A REPORTER.... 149.600   4.726.050 »

REPORTS..... 149.600   4.726.050 »

Feutaria, Oued-bou-Mer-zoug, Oued-Mekalfa, Oued-Tadjerout, Oued-Kaïtoun, Oued-Fesdis, Oued-el-Madher), 7 ⨯ 18,000, ci...... 126.000

4° Pour un passage supérieur de 7^m au col des O.Rahmoun, 1 ⨯ 15,600, ci. 15.600

Total pour les quatorze grands ouvrages d'art.... 291.200   291.200 »

Ce qui donne pour l'ensemble des dépenses relatives aux terrassements et aux ouvrages d'art............. 5.017.250 »

Soit en moyenne et par kilomètre $\left(\frac{5.017.250}{233.69}\right) = 21.400$ fr.

Enfin, pour calculer d'une façon approximative le prix de revient total du réseau dont nous venons d'étudier le tracé, et qui comprend les deux lignes de Constantine à Batna et de Constantine à Sétif, nous adopterons de nouveau les bases et les prix déjà établis dans notre notice du 25 août dernier, et qui sont déduits des bases et des prix établis par M. l'ingénieur en chef Letourneur, dans son rapport sur la ligne de Bône à Guelma.

L'ensemble des dépenses auxquelles donnera lieu l'établissement des deux lignes précitées peut alors être estimé de la manière suivante :

1° Terrassements et ouvrages d'art (somme établie plus haut)......... 5.017.250 »

2° Rectification des routes et chemins latéraux.................. 400.000 »

A REPORTER... 5.417.250 »

REPORT... 5.447.250 »

3° Terrassements des gares et stations .... 175.000 »

4° Maisons des gares, guérites et barrières de passages, 35 à 5,600 fr. 196.000 »

5° Acquisition de terrain et expropriations .... 800.000 »

6° Bâtiments et stations :

Sept stations de troisième classe (Khroub, Ouled-Rahmoum, Aïn-M'lilah, Saint-Donat, Les Eulmas, Aïn-Yagouth et El-Madher), $7 \times 22,000$, ci. 154.000 »

Deux stations de deuxième classe avec remises pour locomotives et wagons (Oued-Seguin et El-Guerra), $2 \times 60,000$, ci.................... 120.000 »

Deux gares terminales avec ateliers et remises (Sétif et Batna), $2 \times 200,000$, ci.................... 400.000 »

7° Ballastage et voie :

En admettant 700^m de longueur pour le développement des voies des stations de troisième classe, $1,000^m$ pour celui des stations de deuxième classe, et $2,000^m$ pour celui des gares terminales, la longueur totale des voies du réseau sera de $233,670^m$ + $10,900^m = 244,590^m$, soit en chiffres ronds $244,600^m$.

Le profil adopté comporte 1^m50 de ballast par mètre courant de voie ; le ballast en pierres cassées prises

A REPORTER... 7.262.250 »

REPORT...   7.262.250   »

dans les tranchées du parcours reviendra à 3 fr. 50, et son transport
par chemin de fer, à une distance
moyenne de 20^k, à 0 fr. 60 ; le prix
de revient total du mètre cube de
ballast sera donc de 4 fr. 10, et on
aura, pour la dépense relative au
ballastage, la somme de 244,600^m
× 1^{m}50 × 4 fr. 10, soit.............   1.504.200   »

Voie :

M. l'ingénieur en chef Letourneur
estime que, sur la ligne projetée de
Bône à Guelma, la fourniture et la
pose de la voie reviendront à 20 fr.
le mètre courant ; ce prix a été établi
dans l'hypothèse que les fers seraient
transportés, après leur débarque-
ment, à une distance moyenne équi-
valente à la moitié de la longueur
de la ligne de Bône à Guelma, c'est-
à-dire 44^k ; Sétif se trouvant à 240^k
de la mer, il convient d'augmenter
ce prix du prix de transport du fer
sur une distance de $\frac{240-87}{2} = \frac{153}{2}$, soit
76,500^m ; le mètre courant de voie
pesant 60 kilogrammes, cette augmentation de transport reviendra à
0 fr. 08 × 76,500^m × 0 fr. 60 = 3 fr. 67,
et le prix de revient du mètre courant de voie, fourniture et pose com-

A REPORTER.   8.766.450   »

REPORT.. 8.766.450 »

prises, peut donc être estimé à 23 fr. 67 cent., ce qui, pour le réseau total de 244,600ᵐ, donne une dépense de. 5.799.682 »

Matériel fixe :

140 changements de voie à 1,600 fr., ci 224.000

100 plaques tournantes de 4ᵐ40 à 2,800 fr., ci.. 280.000

90 mâts de signaux (petits et grands), à 1,500 fr., ci........ 135.000

9 grues de 6 tonnes, à 6,500 fr. (petite station), ci............ 59.500

2 grues de 20 tonnes, à 20,000 fr. (Batna et Sétif), ci.......... 40.000

3 bascules de 20 tonnes, à 6,000 fr. (Batna, Sétif et bifurcation). 18.000

5 cuves à eau avec machines élévatoires, à 15,000 fr., ci....... 75.000

7 fosses à piquer le feu, à 1,500 fr., ci 10.500

3 plaques tournantes pour locomotives, à 8,000 fr., ci....... 24.000

Télégraphe : 234,000ᵐ, à 0 fr. 85, ci......... 198.900

Bureaux télégraphiques

A REPORTER.. 1.064.900   14.566.132 »

Reports... 1.064.900	14.566.132	»
et appareils des stations............... 11.000		
Mobilier des gares et stations............. 83.300		
	1.145.200	»
Matériel roulant :		
18 locomotives à 55,000 francs, ci.......... 990.000		
30 voitures de voyageurs à deux étages et 76 places, à 10,500 fr. . 315.000		
12 fourgons poste et bagages, à 5,200 fr., ci. 62.400		
200 waggons marchandises, à 3,200 fr., ci .. 140.000		
	2.007.400	»
Dépense totale pour la construction des deux lignes	17.718.732	»
(A) A ajouter : 1/10ᵉ pour personnel et administration.................	1.770.873	»
(B) Intérêt à 5 % pendant les quatre ans que durera la construction.....	3.541.764	»
Dépense définitive et totale	23.031.369	»

Et en divisant cette dépense par la longueur du réseau, on obtient, pour le prix moyen kilométrique, la somme relativement assez minime de 90,000 fr., c'est-à-dire une dépense moyenne inférieure à 100,000 francs, ainsi que nous le prévoyions.

Ici s'arrête la partie technique de la question d'étude des lignes ferrées de Constantine à Sétif et de Constantine à Batna, la seule qui incombe spécialement à l'ingénieur. Il entre toutefois, dans l'étude de l'établissement d'un chemin de fer, une question non moins importante, celle du revenu probable de la ligne, question dont la solution incombe plus spécialement aux statisticiens et qui nécessite la recherche et la comparaison d'une foule de documents statistiques qu'il est, en général, fort difficile de se procurer en Algérie.

Les personnes qui se sont occupées spécialement de la question du calcul du revenu probable d'un chemin de fer, sont arrivées à trouver des règles nettes et précises pour l'évaluation de ce revenu ; mais, nous nous hâtons de l'ajouter, ces règles, qui sont facilement applicables en France, où les intérêts à desservir préexistent à la création des lignes ferrées, ne peuvent plus s'appliquer en Algérie, où, en général, c'est le chemin de fer qui crée le trafic en rendant possible l'exportation des produits du sol ; car, dans l'intérieur des provinces, le haut prix des transports ordinaires restreint la production et force de limiter celle-ci aux stricts besoins locaux.

Cette augmentation énorme de la production et du mouvement commercial dans la région desservie par un chemin de fer, ne peut, d'un autre côté, être ni calculée ni même prévue approximativement. Nous nous proposons, en conséquence, de donner, à titre de renseignement d'abord, le trafic actuel entre Sétif et Batna d'un côté et Constantine de l'autre, tel qu'il résulte des renseignements que nous avons fait prendre et des relevés que nous avons fait copier dans les bureaux des principales entreprises de transport, et nous calculerons ensuite, exactement, le prix qu'aurait perçu la compagnie concessionnaire pour le transport de ces marchandises, si les deux lignes de Batna et de Sétif avaient existé en 1872.

Si, en premier lieu, on applique au réseau qui nous occupe le tarif en vigueur sur la ligne de Philippeville à Constantine, on obtient, pour le prix des transports entre Constantine et Sétif et entre Constantine et Batna, les résultats suivants :

TABLEAU N° 1.

NATURE & QUANTITÉ des MARCHANDISES TRANSPORTÉES.	PRIX de L'UNITÉ par kilomètre	PRIX s'appliquant au transport	
		DE SÉTIF à CONSTANTINE et vice-versà. — 454 kilomètres.	DE BATNA à CONSTANTINE et vice-versà. — 447 kilomètres.
Voyageurs de 3e classe (par tête) .	» 0616	9 48	7 20
Messageries et bagages (1,000 k)..	» 40	» 608	» 468
Marchandises (la tonne)	» 12	20 »	15 21
Gros bétail : chevaux, mulets, bœufs, etc. (la tête)	» 10	15 40	13 70
Moutons et brebis (la tête).	» 02	3 08	2 34

Ceci établi, nous donnons dans le tableau suivant les quantités d'objets et de marchandises transportés de Constantine à Sétif et *vice-versà* d'un côté, et de Constantine à Batna et *vice-versà* de l'autre, pendant l'année 1872.

TABLEAU No 2.

NATURE DES OBJETS TRANSPORTÉS.	QUANTITÉS TRANSPORTÉES EN 1872.	
	entre CONSTANTINE ET SÉTIF *et vice-versâ.*	entre CONSTANTINE ET BATNA *et vice-versâ.*
Voyageurs....................	21,960 têtes,	11,920 têtes.
Bagages et messageries	2,880 quintaux.	3,936 quintaux.
Marchandises transportées par le roulage....................	178,238 } 243,238 q./m.	43,342 } 55,542
Grains et laines transportés directement par les Arabes........	65.000	12,200
Bœufs, chevaux, mulets, etc...	3,000 têtes.	1,500 têtes.
Moutons et brebis............	80,000 têtes.	6,000 têtes.

Pour le bétail, nous avons admis, d'après les renseignements donnés par des personnes compétentes, que le tiers du gros bétail et la moitié des moutons vendus sur les marchés de Sétif et de Batna étaient destinés, soit à la consommation de Constantine et de ses environs, soit à l'exportation; et les chiffres inscrits sur notre tableau représentent les fractions que nous venons d'indiquer de la quantité totale de bétail vendue sur les marchés de ces deux villes.

Nous n'avons pu obtenir aucun renseignement précis sur le trafic des autres localités qui seront desservies par le réseau projeté, si ce n'est pour la commune du Khroub, dont le marché aux bestiaux est un des plus importants de la province, et sur lequel se rendent de Constantine, les vendredi et samedi de chaque semaine, au moins cinq cents voyageurs, ce qui correspond à un mouvement annuel, pour l'aller et le retour, de cent douze mille voyageurs.

Quant au nombre de bêtes vendues sur ce marché, pendant l'année 1872, il se compose de la façon suivante :

```
Chevaux, mulets, mules.......   4,597 )
Bœufs, vaches, taureaux, etc ..  64,494 }  71,679
Anes.......................   2,688 )
Chèvres, moutons, brebis.............   264,734
```

Ce bétail est généralement destiné à l'alimentation de Constantine et surtout à l'exportation en France. Il était autrefois dirigé sur Bône, par suite des facilités d'embarquement qu'offre ce port ; mais depuis que les bateaux-transports peuvent entrer dans le port de Philippeville et y embarquer leurs marchandises, on a commencé à expédier, par chemin de fer et à Philippeville, le bétail destiné à l'exportation, et la gare de Constantine a été encombrée bien des fois, l'année dernière, par les nombreux troupeaux qu'on y amenait. Nous avons le droit d'admettre que tous ces produits prendront le chemin de fer au Khroub même, et bien que la distance du Khroub à Constantine ne soit que de quinze kilomètres, la quantité et l'importance des produits à expédier assureront encore un revenu assez important au réseau de chemin de fer projeté.

Le marché du village des Ouled-Rahmoun est peu important, et ce dernier village n'est desservi que par une seule voiture transportant environ 4,300 voyageurs par année et 1,095 quintaux de bagages.

Il nous a été impossible, ainsi que nous l'avons exposé plus haut, d'obtenir des renseignements, même approximatifs, sur l'importance du trafic des autres centres que desservira la ligne projetée.

Nous nous contenterons donc, provisoirement, de calculer la somme qu'aurait rapporté le transport par chemin de fer des différents produits que nous venons d'énumérer.

Le tableau ci-dessous renferme les résultats de ces calculs :

SÉTIF.

Voyageurs : 21,960 à 9 fr. 48, ci 208.180 80

Bagages et messageries : 2,880 à 0 fr. 608, ci.   1.751 04

Marchandises à petite vitesse : 243,238 à 20 fr. .   486.476 »

Gros bétail : 3,000 têtes à 15 fr. 40, ci. . . . . : . . .   46.200 »

Moutons : 20,000 têtes à 3 fr. 08, ci . . . .   246.400 »

                                                         989.007 84

BATNA.

Voyageurs : 11,920 à 7 fr. 20, ci . . . .   85.824 »

Bagages et message - ries : 3,936 à 0 fr. 468, ci.   1.842 04

Marchandises à petite vitesse : 5,554 à 15 fr. 21 .   84.476 34

Gros bétail : 1,500 à 11 fr. 70, ci . . . .   17.550 »

Moutons : 6,060 à 2 fr. 34 cent., ci . . . .   14.040 »

                                                         203.732 44

A REPORTER. . .   1.192.740 25

REPORT...   1.192.740 25

LE KHROUB.

Voyageurs : 112,000 à
1 fr. 95, ci..............   208.400   »
 Gros bétail : 71,679 à
1 fr. 50, ci.............   107.510 60
 Moutons : 264,734 à
0 fr. 30, ci.............   79.420   »

            395.330 50

OULED-RAHMOUN.

Voyageurs : 4,300 à
3 fr. 38, ci.............   14.534   »
 Bagages : 1,095 à 0 fr.
104 cent., ci 113 88

            14.647 88

Total des recettes pour les quatre
  centres ci-dessus.............   1.602.718 63

En admettant que les huit autres stations du réseau rapportent, en fait de voyageurs et de marchandises, autant que celle des Ouled-Rahmoun, ce qui n'est nullement exagéré, puisque les distances de transport au chef-lieu dont dépendent ces communes vont en augmentant, il faudra ajouter à la somme de...............   1.602.718 63
le produit suivant : 14,647 fr. 88 × 8 =   117.183 04

ce qui donne alors, pour la recette totale qu'auraient procurée, pendant l'année 1872, les différentes stations sur le réseau à l'étude, la somme de ..   1.719.901 67

et assure aux chemins projetés une recette kilométrique de $\frac{1,719,901 \text{ fr. } 67}{233 70}$, soit de 7,360 francs en chiffres ronds. Cette recette kilométrique moyenne de 7,360 francs déjà assurée par le trafic actuel, constitue assurément un résultat remarquable ; mais il est indispensable, pour se rendre compte du revenu probable du réseau projeté, d'ajouter, au trafic actuel, le trafic supplémentaire que développera forcément la voie projetée.

Les grains de la région de Sétif qui, autrefois, ne pouvaient être que consommés sur place, peuvent, depuis l'ouverture de la ligne de Philippeville à Constantine, être exportés avec bénéfice en Europe.

De même, après l'ouverture des Lignes de Sétif et de Batna, les plaines et les hauts plateaux traversés par ces lignes ou qui se trouvent dans leur rayon d'action, plaines dont la production est en quelque sorte illimitée et qui constituaient autrefois les greniers de Rome, verront leurs cultures s'étendre proportionnellement à la facilité de vente et d'exportation des produits, et nous ne doutons pas que, pendant les quelques mois d'été qui suivent la récolte, les gares de Sétif et de Batna ne présentent le même spectacle animé qu'offrait, l'année dernière, la gare de Constantine, toujours encombrée, malgré l'évacuation journalière de 300 tonnes de marchandises vers Philippeville.

Ceci établi, les relevés que nous avons faits démontrent qu'il s'est vendu, pendant l'année 1872, sur le marché de Batna, 39,000 qx. de blé et 25,000 qx. d'orge, soit en total 64,000 qx. de grains et sur le marché de Sétif, 79,348 qx. de blé et 15,662 qx. d'orge, ou en total 94,970 qx. de grains, et en admettant alors que l'ouverture des lignes de Sétif et de Batna double la production dans les régions situées autour de ces grands marchés, ce qui est fort admissible en présence des résultats obtenus à Constantine, nous aurons à prévoir dans les recettes supplémentaires probables :

Grains.

1° 6,400 tonnes de grains transportées de Batna à Constantine, qui produiront la recette suivante : 6,400 × 15 fr. 21 ci . . . .   97.344 »

2° 9,500 tonnes de grains transportés de Setif à Constantine, qui produiront 9,500 × 20 fr., ci . . . .   190.000 »

Bois.

Batna expédie, annuellement, environ 12,000 qx. de bois de chauffáge à Constantine ; l'ouverture du chemin de fer et la réduction de prix qui en résultera sur les bois venant de Batna doubleront au moins la consommation annuelle de ce bois, et permettront de compter sur la recette supplémentaire suivante : transport d'un supplément de 1,200 tonnes de bois de chauffage à Constantine, 1,200 × 15 fr. 21, ci . . . .   18.252 »

Bois de construction.

Le bois de cèdre des forêts de Batna est avantageusement employé dans les constructions de la province; avant l'insurrection, on exportait des forêts de Batna et pour Constantine, environ 2.000^m cubes de bois de construction par année. Depuis l'insurrection, et la dévastation des usines Sallerin et

A REPORTER...   305.596 »

REPORT...   305.596   »

Prudhomme, cette exportation a presque complétemant cessé. Nous estimons qu'elle recommencera certainement après l'ouverture de la voie ferrée, qui la développera encore par suite de la réduction du prix des transports, et que l'on peut compter facilement, comme revenu probable, sur 4,000^m cubes de bois de charpente pesant 2,300 tonnes et donnent une recette de 2,300 ⋈ 15 fr. 21, ci.......   34.983   »

Sel du lac M'zouri.

Les lacs salés de Tinsilt et de M'zouri, entre lesquels passe la ligne de Batna, sont en exploitation régulière et donnent, spécialement le dernier de ces deux lacs, d'excellent sel très-recherché dans la province. Les fermiers de ces lacs livrent, dans l'état actuel des choses et par année, environ 4,000 charges pesant chacune 130 kilog. et représentant un poids total de 520 tonnes ; l'ouverture du chemin de fer leur permettra d'en tirer au moins quatre fois plus, soit 2,080 tonnes, et assure une recette de 0 fr. 13 ⋈ 70 ⋈ 2,080, ci........................   18.928   »

Alfas.

Les alfas sont en grande abondance dans le voisinage de Batna ; les Ouled-

A REPORTER...   359.507   »

REPORT...   359.507 »

Chelah en contiennent environ 10,000 hectares, les Lakdars 7,000, les environs d'El-Kantara 12,000, l'Oued-Fedhala 8,000, les environs de Lambèse 4,000, le Flora jusqu'à Chemorah 10,000, Chemorah 3,000 et les Haraktas-Djerma 5,000 ; ce qui donne, dans le rayon d'action de la ligne du chemin de fer, une superficie totale d'environ 57,000 hectares et permet, à raison d'une récolte de 5 qx. par hectare, l'exportation annuelle de 28,500 tonnes, dont chacune ne coûtera que 16 fr. 32 de transport total de Batna à quai de Philippeville, par application du tarif exceptionnel de 0 fr. 08 par tonne et par kilomètre.

La recette future dont bénéficiera le nouveau réseau par cette exportation sera de 28,500 × 0 fr. 08 × 117 ci....   170.760 »

Minerais.

La subdivision de Batna est excessivement riche en minerais ; au Djebel-Touggourt, existe une mine de cuivre auro-argentifère présentant un filon très-puissant ; au Djebel-Flora, à quelques kilomètres de la route n° 3 et de la ligne projetée, près du village d'El-Madher, se trouve une autre mine de cuivre auro-argentifère

A REPORTER...   530.267 »

REPORT...   530.267   »

présentant également des filons d'une certaine puissance ; à Djendeli et à Chemorah, existent des mines de cuivre argentifère autrefois exploitées par les Romains ; le plomb ar-argentifère se rencontre près des maisons des gardes, à 10^k de Batna, à Djerma, sur le tracé même de la ligne et au Djebel-Flora. De riches et puissants filons de plomb argentifère se rencontrent également au Djebel-Nera dans les Aurès, et le cuivre argentifère existe en abondance dans les ramifications de l'Aurès voisines de Krenchela. Toutes les mines que nous venons d'énumérer ont été reconnues facilement exploitables, et leur exploitation ne se trouve empêchée que par le haut prix actuel des transports. Le tarif réduit de 0 fr. 08 par tonne et par kilomètre, appliqué par la Cie P.-L.-M. aux transports par grandes masses, permettrait de les transporter, comme les alfas, au prix de 16 fr. 32 la tonne, depuis Batna jusqu'à quai de Philippeville et rendrait, par suite, l'exploitation de ces mines possible et pratique.

En ne fournissant que deux wagons, soit 200 qx. par jour, ces mines donneront par année 74,700 qx. de mine-

A REPORTER...   530.267   »

Report...	530.267 »

rai à transporter et assureront une
recette de 7,470 fr. × 8,00 × 117 ci... 69.928 »

Il nous reste encore à tenir compte
de l'augmentation qui se produira, par
suite de l'ouverture des lignes précitées, dans le mouvement des voyageurs et dans celui des bestiaux
exportés en France.

Voyageurs.

En admettant que la facilité et la
rapidité des communications triple-
ront le nombre des voyageurs qui
fréquentent actuellement la route de
Sétif et celle de Batna, on reste, certainement, au-dessous de la réalité ;
nous avons donc à compter, comme
recettes supplémentaires probables, le
double des sommes portées, pour ces
motifs, au tableau des recettes assu-
rées, et nous avons ainsi :

Pour les voyageurs entre Constantine et Sétif une recette supplémentaire d'environ.................... 416.000 »

Et pour les voyageurs entre Constantine et Batna une autre recette supplémentaire de.................... 170.000 »

Bestiaux.

Le mouvement d'exportation des
bestiaux par le port de Philippevile va

A reporter... 1.186.195 »

REPORT... 1.186.195 »

toujours en s'augmentant et a atteint, en 1872, les chiffres suivants :

Bœufs exportés : 15,000
Moutons exportés : 140,000

Tout ce bétail provient des hauts plateaux de l'intérieur, c'est-à-dire des régions de Sétif et de Batna, et il est indiscutable que l'ouverture des lignes ferrées reliant des centres de production au port d'embarquement augmentera considérablement ce mouvement d'exportation.

Le prix du transport d'une brebis ou d'un mouton, de Sétif à quai de Philippeville ne s'élèvera qu'à la somme de 0 fr. 02 $\times$ 154 $+$ 87 $=$ 4 fr. 82, chiffre de beaucoup inférieur à la différence de valeur du même mouton sur le littoral et dans l'intérieur ; nous pouvons donc admettre que tous les moutons qui paraîtront, après l'ouverture du réseau projeté sur les marchés de Sétif et de Batna, seront achetés pour l'exportation, ce qui nous donne comme recette supplémentaire, pour le transport du bétail vendu sur les marchés de Sétif et de Batna,

Pour Sétif : 80,000 moutons à 3 fr. 08............ 246.400 »

REPORT.. 1.432.595 »

Report...	1.432.595	»
6,000 bœufs ou vaches à 15 fr. 40........	92.400	»
Et pour Batna : 6,000 moutons à 2 fr. 34.........	14.040	»
3,000 bœufs à 11 fr. 70 c	35.100	»
Total général.......	1.574.135	»

Ainsi, en ne tenant compte que des principaux accroissements de trafic que nous venons de signaler, les considérations que nous venons de développer et les chiffres statistiques que nous avons produits permettent de compter, pour le réseau projeté de Sétif et de Batna à Constantine, sur les recettes suivantes :

(A) Recettes certaines correspondant au trafic actuel.........	1.719.901	67
(B) Recettes probables dues à l'augmentation du trafic........	1.574.135	»
Total des recettes probables......	3.294.036	67

soit en moyenne et par kilomètre $\dfrac{3,294,036\ 67}{233\ k.\ 700} = 14,000$ fr. en chiffres ronds.

Cette recette est supérieure, à une ou deux exceptions près, à toutes celles obtenues sur les chemins de fer d'intérêt local de France, dont les principaux ont donné, pour l'année 1871, les recettes kilométriques suivantes :

Saint-Just à Montbrison . . . . .   8.636 fr.
Saint-Etienne au Puy 17.503
Clermont à Thiers 9.175
Avignon à Cavaillon 9.899
Luron à Crest 3.252
Saint-Simon à Foix 11.500
Langon à Béjat 5.250
Perpignan à Port-Vendres . . .   6.800

Ceci établi, la dépense d'exploitation d'une ligne d'intérêt local peut aisément être ramenée au prix moyen kilométrique de 6,000 fr., qui comprend les frais d'administration, d'exploitation proprement dite, d'entretien de la voie et du matériel.

En déduisant cette dépense moyenne de la recette brute moyenne par kilomètre, il reste un revenu kilométrique de 8,000 fr., destiné à amortir le capital de construction, qui est de 98,000 fr. par kilomètre à construire.

Ce revenu net représente 8 % du capital engagé, et nous ne doutons pas, par suite, que les chiffres que nous venons de présenter et les résultats que nous avons signalés ne permettent de compter sur une solution prochaine pour l'étude définitive et la concession du réseau qui nous occupe.

En résumé :

La reconnaissance que nous venons d'exécuter et les considérations que nous venons de développer, considérations appuyées sur un plan et un profil exacts, nous permettent de rendre compte qu'en abandonnant, pour la ligne de Sétif, la vallée tourmentée du Rhumel et en raccordant celle-ci par les hauts plateaux à la ligne de Constantine à Batna :

1° Le réseau total des deux lignes de Sétif et de Batna ne présentera pas un développement supérieur à 233^k 700^m ;

2° Que ce réseau peut être établi dans d'excellentes conditions de tracé, les rampes de notre profil n'atteignant qu'en un seul point 0^{m}024, et en cinq points 0^{m}020, et étant sur tout le restant du parcours inférieures à 0^{m}018 (1) ; que les rayons des courbes du tracé proposé ne descendent jamais au-dessous de 300^m, à l'exception d'un seul point, la sortie de la gare de Constantine, pour lequel nous avons admis le rayon de 250^m, et que deux courbes en sens contraire de ce tracé sont toujours séparées par un alignement droit d'au moins 90^m de longueur (le décret du 4 août, modifiant le cahier des charges des chemins de fer d'intérêt local de l'Hérault, accorde la limite de 0^{m}030 pour les déclivités, et celle de 100^m pour le rayon des courbes) ;

3° Que ce tracé peut être établi dans d'excellentes conditions de terrassements et présente environ 190^k de tracé complètement en plaine ;

4° Que la dépense kilométrique ne s'élèvera guère au-dessus du chiffre moyen de 100,000 fr.; et enfin,

5° Que les recettes kilométriques probables du futur réseau peuvent être estimées à 14,000 fr., et assureront, après paiement des frais d'exploitation, un re-

----

(1) Une étude que nous avons dû faire dernièrement du prix de revient des terrassements du chemin de fer de Constantine à Sétif nous a fait reconnaître que moyennant une dépense supplémentaire de 350,000 fr., on pourrait ramener les inclinaisons du profil en long à ne pas dépasser 0^{m}018, et qu'en portant cette dépense supplémentaire à 500,000 fr., on pouvait ramener les inclinaisons à ne pas dépasser 0^{m}015.

(Note de M. Lebiez, ingénieur en chef.)

venu net d'environ 8 °/₀ du capital engagé dans la construction.

Dressé par l'ingénieur ordinaire soussigné.

Constantine, le 3 mai 1873.

(Signé) : SCHÉRER.

Vu et adopté par l'ingénieur en chef soussigné, conformément à son rapport en date de ce jour.

Constantine, le 6 mai 1873.

(Signé) : BERNARD.

RAPPORT DE M. BERNARD,

INGÉNIEUR EN CHEF.

Chemin de fer
de Constantine
avec embranchements
sur Sétif-Batna.

Le travail que M. l'ingénieur Schérer a fait et dont il rend compte dans le rapport ci-dessus, ne constitue pas un projet ; c'est une simple reconnaissance faite avec soin et exactitude, mais dont les résultats sont satisfaisants et importants à connaître.

M. Schérer, en effet, a pu tracer sur le terrain et faire niveler une ligne composée d'un tronc commun d'où se détachent deux embranchements se dirigeant l'un sur Sétif, l'autre sur Batna.

Le tronc commun remonte la vallée du Bou-Merzoug, sur une longueur de 36,600^m, depuis la gare de Constantine jusqu'à celle d'El-Guerra.

L'embranchement de Sétif se détache d'El-Guerra dans la direction de l'Ouest, et atteint cette ville après un parcours de 117^k, en traversant le col d'El-Mimoun, les plaines des Telaghma, des Abd-el-Nour et des Eulmas.

L'embranchement de Batna suit à peu près constamment la route nationale, et ne s'en détache que pour passer du plateau des Chott dans la vallée de l'Oued-el-Madher par le col de Kraïn-Seïd, notablement plus bas que celui où la route a été placée ; sa longueur est de 80^k.

Ces trois sections peuvent être établies dans des terrains qui ne présentent aucune difficulté, ni sous le rapport de leur nature, ni sous celui de leurs déclivités. Le rocher compacte ne se rencontre que rarement ; il n'y a point de gorge à traverser, point de terrains ébouleux ; le sol est, sur une grande étendue, disposé naturellement comme pour recevoir le ballast et les rails.

Les plans que nous produisons montrent que, sur les embranchements de Sétif et de Batna, on aura à parcourir de longs alignements, et que, ni pour ces embranchements, ni pour le tronc commun, on ne sera obligé d'abaisser le rayon des courbes au-dessous de 300^m, sauf à la sortie de la gare de Constantine, où l'on aura une courbe de 200^m.

Les profils en long ci-joints établissent également que l'on n'aura nulle part de déclivité supérieure à 0$_m$02 par mètre, que la déclivité moyenne est très-faible, les cols peu élevés.

Ces profils font voir aussi qu'il n'y aura aucun ouvrage d'art important à faire ; point de viaduc ni de grand pont ; seulement quelques arches de 20^m d'ouverture. Les tranchées ne sont ni longues ni profondes ; on rencontre seulement en quelques points des côtes de déblai de 6^m sur les embranchements et une côte de 13^{m}50 en sortant de Constantine, sur le tronc commun.

Il n'y a pas, non plus, de grands remblais à faire ; les profils montrent des côtes de 6^m sur quelques points ; le tronc commun seulement en présente une de 12^{m}50.

Les voies de communication existantes sont, en général, franchies de niveau ; mais une seule de ces voies a de l'importance, c'est la route nationale n° 3, sur laquelle il y aura trois passages à niveau.

Tel est le résumé des opérations faites par notre Service sur le terrain.

On peut évidemment en conclure que la ville de Constantine peut être reliée à celles de Sétif et de Batna par des voies ferrées qui sont susceptibles d'être établies dans de bonnes conditions de tracé et de profil, et dont la construction sera des plus faciles.

Nos opérations ne résolvent pas toutes les questions qui se rapportent aux voies ferrées dont il s'agit. Nous ne disons pas qu'on ne puisse, dans les mêmes directions, arriver à des tracés et à des profils en long plus avantageux, ni qu'il n'y ait pas, particulièrement pour l'embranchement de Sétif, d'autres directions à suivre.

Mais ce que nous pouvons avancer, c'est que les tracés, qui ont été étudiés sur place, fournissent une solution qu'on peut, dès à présent, regarder comme satisfaisante, tout en conservant l'espoir d'en obtenir une meilleure par de nouvelles études.

M. l'ingénieur Schérer n'a pas borné là son travail, et il a donné aussi un aperçu des dépenses à faire et du rendement qu'on peut espérer.

Selon lui, la construction des trois lignes, qui ont ensemble un développement de 234ᵏ (en nombre rond), coûtera vingt-trois millions.

Cette estimation ne nous paraît pas établie sur des bases irréprochables ; et, comme nous n'avons pas les éléments nécessaires pour faire exactement le calcul des dépenses, nous croyons que l'on se rapprochera plus de la vérité en procédant par analogie avec les lignes déjà construites en France. C'est pourquoi il nous paraît plus prudent de compter sur une dépense de trente millions.

Il est bien difficile encore d'arriver à une évaluation précise du rendement brut et du rendement net.

Pour le rendement brut, M. Schérer a distingué, avec raison, les faits actuels des faits à venir. Après avoir fait relever, chez les entrepreneurs de transport et dans les registres des marchés, le tonnage des marchandises et le nombre des voyageurs qui ont circulé entre Constantine, Sétif et Batna, en 1872, il a évalué le produit que ce mouvement aurait donné, s'il avait suivi les voies ferrées projetées et qu'on lui eût appliqué le tarif du cahier des charges du chemin de fer de Philippeville à Constantine.

Ce premier aperçu a donné un revenu brut total de 1,750,000 fr., basé en très-grande partie sur les données suivantes :

Entre Constantine et Sétif et *vice versâ* :

22,000 voyageurs ;

25,000 tonnes de marchandises de petite vitesse ;

20,000 têtes de moutons ;

3,000 têtes de gros bétail.

Entre Constantine et Batna et *vice versâ* :

12,000 voyageurs ;

5,600 tonnes de marchandises de petite vitesse ;

6,000 têtes de moutons ;

1,500 têtes de gros bétail.

Entre Constantine et le marché du Khroub :

112,000 voyageurs ;

265,000 têtes de moutons ;

72,000 têtes de gros bétail.

Et à ce sujet, nous ferons remarquer que la station

du Khroub pourrait bien donner notablement moins qu'on ne le suppose, à cause de la proximité où elle se trouvera de Constantine.

Mais il ne suffit pas d'apprécier le revenu sur lequel les faits qui se sont passés en 1872 permettraient de compter. Il faut aussi essayer de voir les développements que ce revenu pourra prendre dans l'avenir.

M. Schérer fait remarquer, dans cet ordre d'idées, que le chemin de fer aura certainement pour effet de stimuler la production agricole dans les localités qu'il traverse ; qu'il donnera un débouché au bois de chauffage et de construction de la région de Batna, au sel du lac M'zouri ; qu'il permettra d'exporter l'alfa et les minerais de la même région et qu'il donnera du développement à l'exportation des bestiaux. En supputant ce que ce futur mouvement peut produire, il en estime le revenu à 1,550,000 fr.

La somme des produits du mouvement actuel et du mouvement à venir s'élève ainsi à 3,300,000 fr.

Les considérations développées par M. Schérer nous paraissent fondées et ses suppositions plausibles. Nous admettons donc comme probable que le produit brut des voies ferrées dont il s'agit s'approchera de deux millions dans les premières années et qu'il pourra atteindre trois millions bientôt après.

Mais ce qu'il importerait, avant tout, ce serait de connaître le rendement net. Sur ce point encore, nous sommes dans l'incertitude.

M. Schérer pense que l'exploitation coûtera 6,000 fr. par kilomètre, soit 1,400,000 fr. pour l'ensemble. Nous pensons, pour notre compte, que ce chiffre peut être adopté comme représentant assez approximativement les frais correspondant aux recettes indiquées plus haut, tout en faisant remarquer d'un côté que les frais d'exploitation varieront avec le revenu brut, et qu'ils seront plus ou moins élevés suivant que les nouvelles lignes seront ou non exploitées par la même compagnie que celle de Philippeville.

Sur cette base, nous évaluerons donc le revenu net probable dans les premières années de l'exploitation à 600,000 fr. et quelques années plus tard à 1,500,000 fr., ce qui donnerait d'abord 2 % et plus tard 5 % du capital de construction.

Telles sont les indications que nous pouvons tirer comme conclusion du travail fait par M. l'ingénieur Schérer.

Nous ajouterons quelques renseignements et quelques considérations qu'il ne sera pas inutile de présenter.

Le chemin de fer de Philippeville à Constantine a produit, en 1871, un revenu brut de 1,470,446 fr. 10, soit 16,901 fr. 33 par kilomètre.

Il a transporté 171,000 voyageurs ;
73,000 tonnes de marchandises en petite vitesse.
2,350 tonnes de marchandises en grande vitesse.

Il a produit 25,000 francs pour transport d'animaux en petite vitesse.

En 1872, son revenu brut a été de 1,895,473 fr. 15, soit 21,787 fr. 04 par kilomètre.

Il a transporté 158,000 voyageurs ;
116,000 tonnes de marchandises en petite vitesse ;
2,500 tonnes de marchandises en grande vitesse.

Il a produit 46,000 francs pour transport d'animaux en petite vitesse (1).

On peut prendre par là une idée de la manière dont se développe le trafic avec le temps et par l'effet des bonnes récoltes.

(1) Nous croyons devoir compléter, en ce qui concerne l'année 1873 et les mois écoulés de l'année 1874, les renseignements donnés par M. Bernard sur les recettes du chemin de fer de Philippeville à Constantine.

En 1873, le revenu brut a été de 2,390,143 fr. 45, soit 27,790 fr. par kilomètre.

Le chemin de fer a transporté 171,264 voyageurs ;
158,004 tonnes de marchandises en petite vitesse ;
3,260 tonnes de marchandises en grande vitesse ;

Il a produit 19,700 francs pour transport d'animaux en petite vitesse.

En comparant le produit des neuf premiers mois de 1874 à celui de la période correspondante de 1873, on trouve que les chiffres probables pour l'année 1874 sont les suivants :

Revenu brut total.............	2,888,000 francs.
Revenu brut kilométrique.....	33,600 —
Voyageurs....................	187,000 voyageurs.
Marchandises en petite vitesse..	178,000 tonnes.
Marchandises en grande vitesse..	1,830 —
Revenu du transport des animaux en petite vitesse......	17,700 francs.

Ainsi, en résumé, la progression de la recette brute totale est la suivante :

1871.............	1,470,000 francs.
1872.............	1,895,000 —
1873.............	2,390,000 —
1774.............	2,888,000 —

Celle de la recette kilométrique est la suivante :

1871.............	16,901 francs.
1872.............	21,787 —
1873.............	27,790 —
1874.............	33,600 —

(Note de M. LEBIEZ, ingénieur en chef.)

Aux États-Unis (2), très-peu de lignes donnent des dividendes aux actionnaires, et cependant, elles sont tellement multipliées et on veut les multiplier tellement encore que, suivant une idée populaire, on espère que tous les habitants du pays en trouveront à 8^k au plus de distance. C'est que, dans la conviction de tous, il n'y a pas de ligne si mauvaise qui ne rapporte au pays et aux particuliers trois ou quatre fois autant qu'elle a coûté. Et cette plus-value assurée suffit pour stimuler le dévouement patriotique qui entraîne les capitaux vers la construction de lignes nouvelles.

L'influence des chemins de fer sur le développement de la fortune publique et des fortunes privées serait aussi très-grande en Algérie.

Que de richesses naturelles, en forêts, en mines, en végétaux industriels, dont on ne peut pas tirer parti aujourd'hui et qui deviendraient exploitables ! Et pour ne considérer qu'un seul côté de la question, qu'on prenne, par exemple, les céréales ! En 1872, le chemin de fer de Philippeville à Constantine les a transportées à raison de 1 fr. 16 les 100 kilogr.; sur la route, en cas d'abondance, le prix du transport était, en moyenne, de 4 fr. 50 pour le même poids. Le producteur a donc pu vendre cette année à Constantine son blé et son orge plus de 3 fr. par 100 kilogr. en sus du prix qu'il en aurait retiré si le chemin de fer n'avait pas été fait. Ceux qui avaient récolté du blé ont fait ainsi un bénéfice qui, dans son ensemble, s'élève au moins à 1,500 mille francs. Mais les propriétaires de terrains situés à une trop grande distance du marché ne seront-ils pas attirés par cette augmentation de prix ? Et la culture ne prendra-t-elle pas un développement inattendu

(2) Voir MALÉZIEUX : *Travaux publics des États-Unis en 1870.*

jusqu'au point où l'excédant des frais de transport dépasserait 3 fr. par 100 kilogr.? Ce qui revient à reporter au moins de 50^k plus loin les limites de la zône où les céréales peuvent être cultivées avec avantage pour l'exportation.

L'augmentation de produits conduit nécessairement à l'augmentation du travail et de la population. Mais ce ne sont pas les seuls avantages à attendre du chemin de fer, et il faut aussi mettre en ligne de compte tout le parti qu'on pourrait en tirer pour la sécurité de la Colonie. Cette sécurité est une question militaire, et nous avons appris, par une douloureuse expérience, que les chemins de fer sont un engin de guerre redoutable dont il faut que toute puissance dispose désormais et sache se servir.

Ces raisons-là ne suffiront probablement pas pour pousser les capitaux vers les chemins de fer de l'Algérie ; mais elles agiront certainement sur l'administration et sur les corps électifs. Et l'heure nous paraît venue où chacun comprendra que, dans nos possessions du Nord de l'Afrique, il faut que l'on fasse des sacrifices pour agrandir le réseau des chemins de fer ; car c'est l'instrument le plus efficace que l'on puisse employer pour coloniser le pays et en être maître.

Constantine, le 6 mai 1873.

Signé : BERNARD